www.ingramcontent.com/pod-product-compliance
Lightning Source LLC
LaVergne TN
LVHW010423070526
838199LV00064B/5401
* 9 7 8 9 3 5 8 7 2 6 1 8 3 *

سورۂ کہف کے دو واقعات

مرتبہ:

اعجاز عبید

© Taemeer Publications LLC

Surah Kahaf ke do Vaaqi'aat (Essays)

by: Aijaz Ubaid

Edition: April '2024

Publisher :

Taemeer Publications LLC (Michigan, USA / Hyderabad, India)

ISBN 978-93-5872-618-3

9 789358 726183

مرتب یاناشر کی پیشگی اجازت کے بغیر اس کتاب کا کوئی بھی حصہ کسی بھی شکل میں بشمول ویب سائٹ پر اَپ لوڈنگ کے لیے استعمال نہ کیا جائے۔ نیز اس کتاب پر کسی بھی قسم کے تنازع کو نمٹانے کا اختیار صرف حیدرآباد (تلنگانہ) کی عدلیہ کو ہو گا۔

©تعمیر پبلی کیشنز

کتاب	:	**سورۂ کہف کے دو واقعات** (مضامین)
مرتب	:	**اعجاز عبید**
صنف	:	مذہب
ناشر	:	تعمیر پبلی کیشنز (حیدرآباد، انڈیا)
سالِ اشاعت	:	۲۰۲۴ء
صفحات	:	۳۲
سرورق ڈیزائن	:	تعمیر ویب ڈیزائن

فہرست

اصحاب کہف کا قصہ (بحوالہ: تفسیر ابن کثیر)	6
کیا اصحاب کہف کا واقعہ سائنس سے مطابقت رکھتا ہے؟	13
ذوالقرنین کون تھے؟	22

اصحاب کہف کا قصہ
(بحوالہ: تفسیر ابن کثیر)

سورہ کہف کی آیت ۱۳ سے تفصیل کے ساتھ اصحاب کہف کا قصہ شروع ہوتا ہے کہ یہ چند نوجوان تھے جو دین حق کی طرف مائل ہوئے اور ہدایت پر آ گئے۔ قریش میں بھی یہی ہوا تھا کہ جوانوں نے تو حق کی آواز پر لبیک کہی تھی لیکن بجز چند کے اور بوڑھے لوگ اسلام کی طرف جرات سے مائل نہ ہوئے۔ کہتے ہیں کہ ان میں سے بعض کے کانوں میں بالے تھے۔ یہ متقی مومن اور راہ یافتہ نوجوانوں کی جماعت تھی، اپنے رب کی وحدانیت کو مانتے تھے، اس کی توحید کے قائل ہو گئے تھے اور روز بروز ایمان و ہدایت میں بڑھ رہے تھے۔ یہ اور اس جیسی اور آیتوں اور احادیث سے استدلال کر کے امام بخاری رحمہ اللہ وغیرہ محدثین کرام کا مذہب ہے کہ ایمان میں زیادتی ہوتی ہے۔ اس میں مرتبے ہیں، یہ کم و بیش ہوتا رہتا ہے۔ یہاں ہے ہم نے انہیں ہدایت میں اور بڑھا دیا اور جگہ ہے آیت «وَالَّذِيْنَ اهْتَدَوْا زَادَهُمْ هُدًى وَّاٰتٰىهُمْ تَقْوٰىهُمْ» [۴۷- محمد:۱۷] ہدایت والوں کی ہدایت بڑھ جاتی ہے الخ اور آیت میں ہے «فَاَمَّا الَّذِيْنَ اٰمَنُوْا فَزَادَتْهُمْ اِيْمَانًا وَّهُمْ يَسْتَبْشِرُوْنَ» [۹- التوبہ:۱۲۴] الخ ایمان والوں کے ایمان کو بڑھاتی ہے

الخ۔ اور جگہ ارشاد ہے آیت «لِيَزْدَادُوْٓا اِيْمَانًا مَّعَ اِيْمَانِهِمْ» [۴۸-الفتح:۴] تا کہ وہ اپنے ایمان کے ساتھ ہی ایمان میں اور بڑھ جائیں۔ اسی مضمون کی اور بھی بہت سی آیتیں ہیں۔

مذکور ہے کہ یہ لوگ مسیح عیسیٰ بن مریم علیہ السلام کے دین پر تھے۔ « وَاللّٰہُ اَعْلَمُ » ۔ لیکن بظاہر معلوم ہوتا ہے کہ یہ مسیح علیہ السلام کے زمانے سے پہلے کا واقعہ ہے۔ اس کی ایک دلیل یہ بھی ہے کہ اگر یہ لوگ نصرانی ہوتے تو یہود اس قدر توجہ سے نہ ان کے حالات معلوم کرتے نہ معلوم کرنے کی ہدایت کرتے۔ حالانکہ یہ بیان گزر چکا ہے قریشیوں نے اپنا وفد مدینے کے یہود کے علماء کے پاس بھیجا تھا کہ تم ہمیں کچھ ایسی باتیں بتلاؤ کہ ہم رسول اللہ صلی اللہ علیہ وسلم کی آزمائش کر لیں تو انہوں نے کہا کہ تم اصحاب کہف کا اور ذوالقرنین کا واقعہ آپ صلی اللہ علیہ وسلم سے دریافت کرو اور روح کے متعلق سوال کرو، پس معلوم ہوتا ہے کہ یہود کی کتاب میں ان کا ذکر تھا اور انہیں اس واقعہ کا علم تھا، جب یہ ثابت ہوا تو یہ ظاہر ہے کہ یہود کی کتاب نصرانیت سے پہلے کی ہے۔ « وَاللّٰہُ اَعْلَمُ » ۔ پھر فرماتا ہے کہ ہم نے انہیں قوم کی مخالفت پر صبر عطا فرمایا اور انہوں نے قوم کی کچھ پرواہ نہ کی بلکہ وطن اور راحت و آرام کو بھی چھوڑ دیا۔ بعض سلف کا بیان ہے کہ یہ لوگ رومی بادشاہ کی اولاد اور روم کے سردار تھے « وَاللّٰہُ اَعْلَمُ » ۔ یہ نوجوان ایک مرتبہ قوم کے ساتھ عید منانے گئے تھے۔ اس زمانے کے بادشاہ کا نام دقیانوس تھا، بڑا سخت اور سرکش شخص تھا، سب کو شرک کی تعلیم کرتا اور سب سے بت پرستی کراتا تھا۔

یہ نوجوان جو اپنے باپ دادوں کے ساتھ اس میلے میں گئے تھے، انہوں نے جب وہاں یہ تماشا دیکھا تو ان کے دل میں خیال آیا کہ بت پرستی محض لغو اور باطل چیز ہے، عبادتیں اور ذبیحے صرف اللہ کے نام پر ہونے چاہئیں جو آسمان و زمین کا خالق مالک ہے۔ پس یہ لوگ ایک ایک کر کے یہاں سے سرکنے لگے، ایک درخت تلے جا کر ان میں سے ایک صاحب بیٹھ گئے دوسرے بھی یہیں آ گئے اور بیٹھ گئے تیسرے بھی آئے چوتھے بھی آئے غرض ایک ایک کر کے سب یہیں جمع ہو گئے حالانکہ ایک دوسرے میں تعارف نہ تھا لیکن ایمان کی روشنی نے ایک دوسرے کو ملا دیا۔ حدیث شریف میں ہے کہ روحیں بھی ایک جمع شدہ لشکر ہیں جو روز ازل میں تعارف والی ہیں وہ یہاں مل جل کر رہتی ہیں اور جو وہیں انجان رہیں ان کا یہاں بھی ان میں اختلاف رہتا ہے۔ [صحیح مسلم:۲۶۳۸]

عرب کہا کرتے ہیں کہ جنسیت ہی میل جول کی علت ہے۔ اب سب خاموش تھے ایک کو ایک سے ڈر تھا کہ اگر میں اپنے مافی الضمیر کو بتا دوں گا تو یہ دشمن ہو جائیں گے، کسی کو دوسرے کی نسبت اطلاع نہ تھی کہ وہ بھی اس کی طرح قوم کی اس احمقانہ اور مشرکانہ رسم سے بیزار ہے۔ آخر ایک دانا اور جری نوجوان نے کہا کہ دوستو! کوئی نہ کوئی بات تو ضرور ہے کہ لوگوں کے اس عام شغل کو چھوڑ کر تم ان سے یکسو ہو کر یہاں آ بیٹھے ہو میرا تو جی چاہتا ہے کہ ہر شخص اس بات کو ظاہر کر دے جس کی وجہ سے اس نے قوم کو چھوڑا ہے۔ اس پر ایک نے کہا، بھائی بات یہ ہے کہ مجھے تو اپنی قوم کی یہ رسم ایک آنکھ نہیں بھاتی جب کہ آسمان و زمین کا اور ہمارا تمہارا

خالق صرف اللہ تعالیٰ ہی ہے تو پھر ہم اس کے سوا دوسرے کی عبادت کیوں کریں؟ یہ سن کر دوسرے نے کہا اللہ کی قسم یہی نفرت مجھے یہاں لائی ہے تیسرے نے بھی یہی کہا۔ جب ہر ایک نے یہی وجہ بیان کی تو سب کے دل میں محبت کی ایک لہر دوڑ گئی اور یہ سب روشن خیال موحد آپس میں سچے دوست اور ماں جائے بھائیوں سے بھی زیادہ ایک دوسرے کے خیر خواہ بن گئے۔ آپس میں اتحاد و اتفاق ہو گیا۔

اب انہوں نے ایک جگہ مقرر کر لی وہیں اللہ واحد کی عبادت کرنے لگے۔ رفتہ رفتہ قوم کو بھی پتہ چل گیا وہ ان سب کو پکڑ کر اس ظالم مشرک بادشاہ کے پاس لے گئے اور شکایت پیش کی۔ بادشاہ نے ان سے پوچھا، انہوں نے نہایت دلیری سے اپنی توحید اور اپنا مسلک بیان کیا بلکہ بادشاہ اور اہل دربار اور کل دنیا کو اس کی دعوت دی، دل مضبوط کر لیا اور صاف کہہ دیا کہ ہمارا رب وہی ہے جو آسمان و زمین کا مالک و خالق ہے۔ ناممکن ہے کہ ہم اس کے سوا کسی اور کو معبود بنائیں، ہم سے یہ کبھی نہ ہو سکے گا کہ اس کے سوا کسی اور کو پکاریں۔ اس لیے کہ شرک نہایت باطل چیز ہے ہم اس کام کو کبھی نہیں کرنے کے۔ یہ نہایت ہی بیجا بات اور لغو حرکت اور جھوٹی راہ ہے۔ یہ ہماری قوم مشرک ہے اللہ کے سوا دوسروں کی پکار اور ان کی عبادت میں مشغول ہے جس کی کوئی دلیل یہ پیش نہیں کر سکتے، پس یہ ظالم اور کاذب ہیں۔ کہتے ہیں کہ ان کی اس صاف گوئی اور حق گوئی سے بادشاہ بہت بگڑا انہیں دھمکایا ڈرایا اور حکم دیا کہ ان کے لباس اتار لو اور اگر یہ باز نہ آئیں گے تو میں انہیں سخت سزا دوں گا۔ اب ان لوگوں کے دل اور مضبوط ہو گئے لیکن یہ انہیں معلوم ہو گیا کہ یہاں رہ

کر ہم دینداری پر قائم نہیں رہ سکتے، اس لیے انہوں نے قوم، وطن، دیس اور رشتے کنبے کو چھوڑنے کا ارادہ پختہ کر لیا۔

یہی حکم بھی ہے کہ جب انسان دین کا خطرہ محسوس کرے اس وقت ہجرت کر جائے۔ حدیث میں ہے کہ انسان کا بہترین مال ممکن ہے کہ بکریاں ہوں جنہیں لے کر دامن کوہ میں اور مرغزاوں میں رہے سہے اور اپنے دین کے بچاؤ کی خاطر بھاگتا پھرے۔[صحیح بخاری:۱۹]

پس ایسے حال میں لوگوں سے الگ تھلگ ہو جانا امر مشروع ہے۔ ہاں اگر ایسی حالت نہ ہو، دین کی بربادی کا خوف نہ ہو تو پھر جنگلوں میں نکل جانا مشروع نہیں کیونکہ جمعہ جماعت کی فضیلت ہاتھ سے جاتی رہتی ہے۔ جب یہ لوگ دین کے بچاؤ کے لیے اتنی اہم قربانی پر آمادہ ہو گئے تو ان پر رب رحمت نازل ہوئی۔ فرما دیا گیا کہ ٹھیک ہے جب تم ان کے دین سے الگ ہو گئے تو بہتر ہے کہ جسموں سے بھی ان سے جدا ہو جاؤ۔ جاؤ تم کسی غار میں پناہ حاصل کرو تم پر تمہارے رب کی رحمت کی چھاؤں ہو گی، وہ تمہیں تمہارے دشمن کی نگاہوں سے چھپا لے گا اور تمہارے کام میں آسانی اور راحت مہیا فرمائے گا۔ پس یہ لوگ موقعہ پا کر یہاں سے بھاگ نکلے اور پہاڑ کے غار میں چھپ رہے۔

بادشاہ اور قوم نے ہر چند ان کی تلاش کی لیکن کوئی پتہ نہ چلا، اللہ نے ان کے غار کو اندھیرے میں چھپا دیا۔ دیکھئیے یہی بلکہ اس سے بہت زیادہ تعجب خیز واقعہ ہمارے نبی محمد مصطفی صلی اللہ علیہ وسلم کے ساتھ پیش آیا۔ آپ مع اپنے رفیق

خاص یار غار ابو بکر صدیق رضی اللہ عنہما کے غار ثور میں جا چھپے، مشرکین نے بہت کچھ دوڑ دھوپ کی، تگ و دو میں کوئی کمی نہ کی، لیکن نبی کریم صلی اللہ علیہ وسلم انہیں پوری تلاش اور سخت کوشش کے باوجود نہ ملے، اللہ نے ان کی بینائی چھین لی۔ آس پاس سے گزرتے تھے، آنکھیں پھاڑ پھاڑ کر دیکھتے تھے، نبی کریم صلی اللہ علیہ وسلم موجود ہیں اور انہیں دکھائی نہیں دیتے۔ سیدنا صدیق اکبر رضی اللہ عنہما پریشان حال ہو کر عرض کرتے ہیں کہ یا رسول اللہ! صلی اللہ علیہ وسلم اگر کسی نے اپنے پیر کی طرف بھی نظر ڈال لی تو ہم دیکھ لیے جائیں گے۔ آپ صلی اللہ علیہ وسلم نے اطمینان سے جواب دیا کہ ابو بکر رضی اللہ عنہ ان دو کے ساتھ تیرا کیا خیال ہے جن کا تیسرا خود اللہ تعالیٰ ہے۔ [صحیح بخاری: ۳۹۲۲]

قرآن فرماتا ہے کہ «إِلَّا تَنصُرُوهُ فَقَدْ نَصَرَهُ اللَّهُ إِذْ أَخْرَجَهُ الَّذِينَ كَفَرُوا ثَانِيَ اثْنَيْنِ إِذْ هُمَا فِي الْغَارِ إِذْ يَقُولُ لِصَاحِبِهِ لَا تَحْزَنْ إِنَّ اللَّهَ مَعَنَا فَأَنزَلَ اللَّهُ سَكِينَتَهُ عَلَيْهِ وَأَيَّدَهُ بِجُنُودٍ لَّمْ تَرَوْهَا وَجَعَلَ كَلِمَةَ الَّذِينَ كَفَرُوا السُّفْلَىٰ وَكَلِمَةُ اللَّهِ هِيَ الْعُلْيَا وَاللَّهُ عَزِيزٌ حَكِيمٌ» [۹-التوبہ: ۴۰]

اگر تم میرے نبی کی امداد نہ کرو تو کیا ہوا؟ جب کافروں نے اسے نکال دیا، میں نے خود اس امداد کی جب کہ وہ دو میں دوسرا تھا، جب وہ دونوں غار میں تھے، جب وہ اپنے ساتھی سے کہہ رہا تھا کہ غمگین نہ ہو اللہ ہمارے ساتھ ہے۔ پس اللہ تعالیٰ نے اپنی طرف سے سکون اس پر نازل فرمایا اور ایسے لشکر سے اس کی مدد کی جسے تم نہ دیکھ سکتے تھے آخر اس نے کافروں کی بات پست کر دی

اور اپنا کلمہ بلند فرمایا۔ اللہ عزت و حکمت والا ہے۔

سچ تو یہ ہے کہ یہ واقعہ اصحاب کہف کے واقعہ سے بھی عجیب تر اور انوکھا ہے۔

ایک قول یہ بھی ہے کہ ان نوجوانوں کو قوم اور بادشاہ نے پا لیا، جب غار میں انہیں دیکھ لیا تو کہا بس ہم تو خود ہی یہی چاہتے تھے، چنانچہ انہوں نے اس کا منہ ایک دیوار سے بند کر دیا کہ یہیں مر جائیں لیکن یہ قول تامل طلب ہے۔ قرآن کا فرمان ہے کہ صبح شام ان پر دھوپ آتی جاتی ہے وغیرہ۔«وَاللّٰهُ اَعْلَمُ»۔

***

کیا اصحاب کہف کا واقعہ سائنس سے مطابقت رکھتا ہے؟

شہر "افسوس" کے طولانی مدت تک سونے والوں (یعنی اصحاب کہف) کی نیند کے بارے میں بعض لوگ شک و تردید کرسکتے ہیں، ہو سکتا ہے کہ اس کو سائنس کے علمی اصول سے موافق نہ سمجھیں، لہٰذا اس کو "قصہ اور کہانیوں" کی صف میں قرار دے دیں، کیونکہ:

۱۔ بیدار رہنے والوں کے لئے سیکڑوں سال تک زندہ رہنا مشکل ہے، سوتے ہوئے لوگوں کے لئے تو بہت دور کی بات ہے!

۲۔ بیداری کے عالم میں تو بافرض محال یہ مانا بھی جاسکتا ہے کہ اتنی طویل عمر ہو سکتی ہے، لیکن جو شخص سویا ہوا ہو اس کے لئے ناممکن ہے، کیونکہ کھانے پینے کی مشکل پیش آئے گی، انسان اتنی مدت تک بغیر کھائے پیئے کیسے زندہ رہ سکتا ہے، اور اگر فرض کریں کہ انسان کے لئے ہر روز ایک کلو کھانا اور ایک لیٹر پانی کی ضرورت ہوتی ہے تو اصحاب کہف کی عمر کے لئے دس کونٹل کھانا اور ایک ہزار لیٹر پانی ضروری ہے جس کو بدن میں ذخیرہ کرنا معنی نہیں رکھتا۔

۳۔ اگر ان سب سے چشم پوشی کرلیں تو یہ اعتراض پیش آتا ہے کہ بدن کے ایک حالت میں اتنی طولانی مدت تک باقی رہنے سے انسانی جسم کے مختلف اعضا

خراب ہو جاتے ہیں۔

اس طرح کے اعتراضات کے پیش نظر ظاہری طور پر کوئی راہ حل دکھائی نہ دیتی، جبکہ ایسا نہیں ہے، کیونکہ:

الف: طولانی عمر کا مسئلہ کوئی غیر علمی مسئلہ نہیں ہے کیونکہ ہم جانتے ہیں کہ (سائنس کے لحاظ سے) ہر زندہ موجود کے لئے کوئی معین معیار نہیں کہ اس وقت اس کی موت یقینی ہو۔

دوسرے الفاظ میں یوں کہیں کہ یہ بات اپنی جگہ مسلم ہے کہ انسان کی طاقت کتنی بھی ہو آخر کار محدود اور ختم ہونے والی ہے، لیکن اس کا مطلب یہ نہیں ہے کہ انسان کا بدن یا کوئی دوسرا جاندار اس معمولی مقدار سے زیادہ زندگی کرنے کی صلاحیت نہیں رکھتا، مثال کے طور پر درجۂ حرارت سو تک پہنچنے پر پانی کھول جاتا ہے اور درجۂ حرارت صفر ہونے پر پانی برف بن جاتا ہے، لہٰذا انسان کے سلسلہ میں ایسا کوئی قانون نہیں ہے کہ جب انسان سو سال یا ڈیڑھ سو سال کا ہو جائے تو انسان کی حرکت قلب بند ہو جائے اور وہ مر جائے۔

بلکہ انسان کی عمر کا معیار زیادہ تر اس کی زندگی کے حالات پر موقوف ہے اور حالات کو بدلنے سے اس کی عمر میں تبدیلی آسکتی ہے، اس کا زندہ ثبوت یہ ہے کہ ہم دیکھتے ہیں کہ دنیا بھر کے دانشوروں نے انسان کے لئے کوئی خاص عمر معین نہیں کی ہے، اس کے علاوہ متعدد دانشوروں نے بعض جانداروں کی عمر کو بعض مخصوص لیبریٹری میں رکھ کر دو برابر، چند برابر اور بعض اوقات ۱۲ برابر تک پہنچایا ہے، یہاں تک کہ محققین اور دانشوروں نے ہمیں امید دلائی ہے کہ مستقبل میں سائنس

کے جدید طریقوں کے ذریعہ انسان کی عمر اس وقت کی عمر سے چند برابر بڑھ جائے گی، یہ خود طولانی عمر کے سلسلہ میں ہے۔

ب: اس طولانی نیند کے بارے میں کھانے پینے کا مسئلہ اگر معمولی نیند ہو تو اعتراض وارد ہوتا ہے کہ یہ مسئلہ سائنس سے ہم آہنگ نہیں ہے، اگرچہ سوتے وقت کھانے پینے کی ضرورت کم ہوتی ہے لیکن چند سالوں کے لئے یہ مقدار بہت زیادہ ہونی چاہیئے، لیکن اس بات پر توجہ رکھنا چاہیئے کہ جہان طبیعت میں ایسی بھی نیند پائی جاتی ہیں جن میں کھانے پینے کی ضرورت بہت ہی کم ہوتی ہے، اس کے لئے جانوروں کی مثال دی جاتی ہے جو موسم سرما میں سو جاتے ہیں۔ سردیوں کی نیند بہت سے جانور ایسے ہیں جو پوری سردیوں کے موسم میں سوتے رہتے ہیں اسے سائنس کی اصطلاح میں "سردیوں کی نیند" کہا جاتا ہے۔

ایسی نیند میں زندگی کے آثار تقریباً ختم ہو جاتے ہیں، زندگی کا معمولی سا شعلہ روشن رہتا ہے، دل کی دھڑکن تقریباً رک جاتی ہے، اور اتنی خفیف ہو جاتی ہے کہ بالکل محسوس نہیں ہوتی۔

ایسے مواقع پر بدن کو ایسے بڑے بھٹے سے تشبیہ دی جاسکتی ہے جو بجھ جاتا ہے اور چھوٹا سا شعلہ بھڑکتا رہتا ہے، واضح ہے کہ آسمان سے باتیں کرتے ہوئے شعلوں کے لئے بھٹے کو ایک دن کے لئے جتنے تیل یا گیس کی ضرورت ہوتی ہے ایک خفیف سے شعلہ کے لئے اتنی خوراک برسوں یا صدیوں کے لئے کافی ہے، البتہ اس میں جلتے ہوئے بھٹے کی مقدار اور خفیف سے شعلہ کی مقدار کے لحاظ سے فرق ہو سکتا ہے۔

جانوروں کی سردیوں کی نیند کے بارے میں دانشوروں کا کہنا ہے: "اگر کسی مینڈک کو سردیوں کی نیند سے اس کی جگہ سے باہر نکالیں تو وہ مردہ معلوم ہو گا، اس کے پھیپھڑوں میں ہوا نہیں ہوتی، اس کے دل کی حرکت اتنی کمزور ہوتی ہے کہ پتہ نہیں چلایا جاسکتا، سرد خون جانوروں (Cool Blooded) میں بہت سے جا نور سردیوں کی نیند سوتے ہیں، اس سلسلہ میں کئی طرح کے کیڑے مکوڑے، حشرات الارض، زمینی سیپ (صدف) اور رینگنے والے جانوروں کے نام لئے جاسکتے ہیں، بعض خون گرم جانور (Warm Blooded) بھی سردیوں کی نیند سوتے ہیں اس نیند کے عالم میں حیاتی فعالتیں بہت سست پڑ جاتی ہیں اور بدن میں ذخیرہ شدہ چربی آہستہ آہستہ صرف ہوتی رہتی ہے۔(۱)

مقصد یہ ہے کہ ایک ایسی بھی نیند ہے جس میں کھانے پینے کی بہت کم ضرورت ہوتی ہے اور حیاتی حرکتیں تقریباً صفر تک پہنچ جاتی ہیں، اتفاق کی بات یہ ہے کہ یہی صورت حال اعضا کو فرسودگی سے بچانے اور جانوروں کو ایک طولانی مدت تک جینے میں مدد دیتی ہے، اصولی طور پر جو جاندار احتمالاً سردیوں میں اپنی غذا حاصل کرنے کی طاقت نہیں رکھتے ان کے لئے سردیوں کی نیند بہت غنیمت شئے ہے۔

ایک اور نمونہ یوگا کے ماہرین کے بارے میں دیکھا گیا ہے کہ ان میں سے بعض کو یوگا کے ماہرین یقین نہ کرنے والے حیرت زدہ افراد کی آنکھوں کے سامنے بعض اوقات تابوت میں رکھ کر ہفتہ بھر کے لئے مٹی کے نیچے دفن کر دیتے ہیں اور ایک ہفتہ کے بعد انھیں باہر نکالتے ہیں ان کی مالش کی جاتی ہے اور مصنوعی سانس

دی جاتی ہے اور وہ رفتہ رفتہ اصلی حالت پر پلٹ آتے ہیں۔

اتنی مدت کے لئے اگر کھانے پینے کا مسئلہ کوئی اہم نہ ہو تو بھی آکسیجن کا مسئلہ بہت اہم ہے کیونکہ ہم جانتے ہیں دماغ کے خلیے آکسیجن کے معاملہ میں اتنے حساس اور ضرورت مند ہوتے ہیں کہ اگر چند سیکنڈ بھی اس سے محروم رہیں تو تباہ ہو جائیں، لہٰذا سوال پیدا ہوتا ہے کہ ایک یوگا کرنے والا پورا ہفتہ کس طرح آکسیجن کی اس کمی کو برداشت کر لیتا ہے۔

ہماری مذکورہ گفتگو کے پیش نظر اس سوال کا جواب کوئی زیادہ مشکل نہیں ہے، بات یہ ہے کہ یوگا کرنے والے کے بدن کی حیاتی حرکت اس عرصہ میں تقریباً رک جاتی ہے اس دوران خلیے کو آکسیجن کی ضرورت اور اس کا مصرف بہت کم ہو جاتا ہے یہاں تک کہ وہی ہوا جو تابوت کے اندرونی حصہ میں ہوتی ہے بدن کے خلیوں کی ہفتہ بھر کی غذا کے لئے کافی ہو جاتی ہے!!۔

زندہ انسان کے بدن کو منجمد کرنا

جانوروں بلکہ انسانی بدن کو منجمد کر کے ان کی عمر بڑھانے کے بارے میں آج کل بہت سے نظریات پیش کئے گئے ہیں جن پر بحثیں ہو رہی ہیں ان میں سے بعض تو عملی جامہ پہن چکے ہیں۔

ان تھیوریوں کے مطابق یہ ممکن ہے کہ ایک انسان یا حیوان کے بدن کو ایک خاص طریقہ کے تحت صفر سے کم درجہ حرارت پر رکھ کر اس کی زندگی کو ٹھہرا دیا جائے جس سے اس کی موت واقع نہ ہو پھر ایک ضروری مدت کے بعد اسے مناسب حرارت دی جائے اور وہ عام حالت پر لوٹ آئے!!

بہت دور دراز کے فضائی سفر جن کے لئے کئی سو سال یا کئی ہزار سال کی مدت درکار ہے، ان کے لئے کئی منصوبے پیش کئے جا چکے ہیں ان میں سے ایک یہی ہے کہ فضانورد کے بدن کو ایک خاص تابوت میں رکھ کر اسے جما دیا جائے اور جب سالہا سال کی مسافت کے بعد وہ مقررہ کرّات کے قریب پہنچ جائے تو ایک ایٹو میٹک نظام کے تحت اس تابوت میں حرارت پیدا ہو جائے اور فضانورد اپنی حیات کو ضائع کئے بغیر حالت معمول پر لوٹ آئے۔

ایک سائنسی جریدہ میں یہ خبر شائع ہوئی ہے کہ حال ہی میں انسانی بدن کو لمبی عمر کے لئے منجمد کرنے کے بارے میں برابرٹ نیلسن نے کتاب لکھی ہے، سائنس کی دنیا میں یہ کتاب بہت مقبول ہوئی ہے اور اس کے مندرجات کے بارے میں بہت کچھ کہا گیا ہے۔

جریدہ کے اس مقالہ میں یہ بھی لکھا ہے کہ حال ہی میں اس عنوان کے تحت ایک خاص سائنسی شعبہ قائم ہو گیا ہے، چنانچہ مذکورہ مقالہ میں لکھا ہے: ہمیشہ سے انسانی تاریخ میں "حیات جاودانی" انسان کا سنہرا خواب رہی ہے، لیکن اب یہ خواب حقیقت میں بدل گیا ہے، یہ امر ایک نئے علم کی خوشگوار اور حیرت انگیز ترقی کا مرہونِ منت ہے اس علم کا نام "کریانک" ہے، (یہ علم انسانی بدن کو منجمد کر کے زندہ رکھنے کے بارے میں ہے، اس کے مطابق انسان کے بدن کو منجمد کر کے اسے بچایا جا سکتا ہے یہاں تک کہ سائنسدان اسے پھر سے زندہ کر دیں)

کیا یہ بات قابل یقین ہے؟ بہت سے ممتاز دانشور اس مسئلہ پر غور و فکر کر رہے ہیں، اس کے بارے میں متعدد کتابیں چھپ چکی ہیں مثلاً "لائف" اور "اسکوائر"،

پوری دنیا کے اخبارات پورے زور و شور سے اس مسئلہ پر بحث کر رہے ہیں، اور سب سے اہم بات یہ ہے کہ اس سلسلہ میں اب تجربات شروع ہو چکے ہیں۔(۲)

کچھ عرصہ ہوا کہ اخبار میں یہ خبر چھپی تھی کہ برفانی قطبی علاقے سے چند ہزار سال پہلے کی ایک منجمد مچھلی ملی ہے جسے خود وہاں کے لوگوں نے دیکھا ہے اس مچھلی کو جب مناسب پانی میں رکھا گیا تو سب لوگ حیرت زدہ رہ گئے کہ وہ مچھلی پھر سے جی اٹھی اور چلنے لگی۔

واضح رہے کہ حالت انجماد میں علامات حیات، موت کی طرح بالکل ختم نہیں ہوتی کیونکہ اس صورت میں تو زندہ ہونا ممکن نہیں ہے بلکہ اس عالم میں حیات کی فعالتیں اور حرکتیں بہت سست رفتار ہو جاتی ہیں۔

ان تمام باتوں سے ہم یہ نتیجہ نکالتے ہیں کہ انسانی زندگی کو ٹھہرایا یا بہت ہی سست کیا جاسکتا ہے، اور سائنس کی مختلف تحقیقات اس امکان کی متعدد حوالوں سے تائید کرتی ہیں، اس حالت میں غذا کا مصرف بدن میں تقریباً صفر تک پہنچ جاتا ہے اور انسان کے بدن میں موجود غذا کا تھوڑا سا ذخیرہ اس کی سست زندگی کے لئے طولانی برسوں تک کافی ہو سکتا ہے۔ اس چیز میں غلط فہمی نہ ہو کہ ہم ان باتوں کے ذریعہ اصحاب کہف کی نیند کے اعجازی پہلو کا انکار نہیں کرنا چاہئے بلکہ ہم چاہتے ہیں کہ سائنس کے اعتبار سے اس واقعہ کو ذہنوں کے قریب کر دیں کیونکہ یہ بات مسلم ہے کہ اصحاب کہف ہماری طرح نہیں سوئے، جیسا کہ ہم معمول کے مطابق رات کو سوتے ہیں ان کی نیند ایسی نہیں تھی بلکہ وہ استثنائی پہلو رکھتی تھی، لہٰذا اس میں تعجب کی کوئی بات نہیں ہے کہ وہ ارادہ الٰہی کے تحت ایک طولانی مدت تک سوتے رہے،

اس دوران نہ انھیں غذا کی کمی لاحق ہوئی اور نہ ان کے بدن کے ارگانیزم (اجزا) کو کوئی نقصان پہنچا۔

یہ بات قابل توجہ ہے کہ سورہ کہف کی آیات سے ان کی سرگزشت کے بارے میں یہ نتیجہ برآمد ہوتا ہے کہ ان کی نیند عام طریقہ کی نیند اور معمول کی نیند سے بہت مختلف تھی، چنانچہ ارشاد خداوندی ہے:

<وَ تَحۡسَبُهُمۡ اَيۡقَاظًا وَهُمۡ رُقُوۡدٌ وَ نُقَلِّبُهُمۡ ذَاتَ الۡيَمِيۡنِ وَذَاتَ الشِّمَالِ وَ كَلۡبُهُمۡ بَاسِطٌ ذِرَاعَيۡهِ بِالۡوَصِيۡدِ لَوِ اطَّلَعۡتَ عَلَيۡهِمۡ لَوَلَّيۡتَ مِنۡهُمۡ فِرَارًا وَلَمُلِئۡتَ مِنۡهُمۡ رُعۡبًا>(۳)

"اور تمہارا خیال ہے کہ وہ جاگ رہے ہیں حالانکہ وہ عالمِ خواب میں ہیں اور ہم انھیں داہنے بائیں کروٹ بھی بدلوا رہے ہیں اور ان کا کتا ڈیوڑھی پر دونوں ہاتھ پھیلائے ڈٹا ہوا ہے اگر تم ان کی کیفیت پر مطلع ہو جاتے تو الٹے پاؤں بھاگ نکلتے اور تمہارے دل میں دہشت سما جاتی"۔

یہ آیت اس بات کی گواہ ہے کہ ان کی نیند عام نیند نہ تھی بلکہ ایسی نیند تھی جو حالت موت کے مشابہ تھی اور ان کی آنکھیں کھلی ہوئی تھیں۔

اس کے علاوہ قرآن مجید میں بیان ہوا ہے: "سورج کی روشنی ان کے غار کے اندر نہیں پڑتی تھی" نیز اس امر کی طرف توجہ کی جائے کہ ان کی غار احتمالاً ایشیائے صغیر کے کسی بلند اور سرد مقام پر واقع تھا تو ان کی نیند کے استثنائی حالات مزید واضح ہو جاتے ہیں۔

دوسری طرف قرآن کہتا ہے: <وَ نُقَلِّبُهُمۡ ذَاتَ الۡيَمِيۡنِ وَذَاتَ الشِّمَالِ>(۴)

"اور ہم انھیں داہنے بائیں کروٹ بھی بدلوا رہے ہیں" اس سے معلوم ہوتا ہے کہ وہ

بالکل ایک ہی حالت میں نہیں رہتے تھے ایسے عوامل جو ابھی تک ہمارے لئے معمہ ہیں ان کے تحت شاید سال میں ایک مرتبہ انھیں دائیں بائیں پلٹا جاتا تھا تاکہ ان کے بدن کے ارگانیزم (Organism) میں کوئی نقص نہ آنے پائے۔

اب جبکہ اس سلسلہ میں کافی واضح عملی بحث ہو چکی ہے اس سے نتیجہ اخذ کرتے ہوئے معاد اور قیامت کے بارے میں زیادہ گفتگو کی ضرورت نہیں رہتی، کیونکہ ایسی طویل نیند کے بعد بیداری، موت کے بعد کی زندگی کے غیر مشابہ نہیں ہے، اس سے ذہن معاد اور قیامت کے امکان کے قریب ہو جاتا ہے۔(۵)(۶)

حواشی

(۱)اقتباس از کتاب فرہنگنامہ (دائرۃ المعارف جدید فارسی)مادہ زمستانخوابی

(۲) مجلہ دانشمند، بہمن ماہ ۱۳۴۷ھ ش، صفحہ ۴

(۳)سورہ کہف، آیت ۱۸

(۴)سورۂ کہف، آیت ۱۸

(۵)اس سلسلہ میں مزید وضاحت کے لئے کتاب "معاد و جہان پس از مرگ" کی طرف رجوع فرمائیں

(۶) تفسیر نمونہ، جلد ۱۲، صفحہ ۴۰۶

***

ذوالقرنین کون تھے؟

جیسا کہ قرآن میں ارشاد ہوتا ہے: <وَیَسْاَلُونَکَ عَنْ ذِی الْقَرْنَیْنِ قُلْ سَاَتْلُوا عَلَیْکُمْ مِنْہُ ذِکْرًا>(۱)

"اور اے پیغمبر! یہ لوگ آپ سے ذوالقرنین کے بارے میں سوال کرتے ہیں تو آپ کہہ دیجئے کہ میں عنقریب تمہارے سامنے ان کا تذکرہ پڑھ کر سنا دوں گا"۔

یہاں پر یہ سوال پیدا ہوتا ہے کہ ذوالقرنین کون تھے؟

جس ذوالقرنین کا قرآن مجید میں ذکر ہے، تاریخی طور پر وہ کون شخص ہے، تاریخ کی مشہور شخصیتوں میں سے یہ داستان کس پر منطبق ہوتی ہے، اس سلسلے میں مفسرین کے درمیان اختلاف ہے، اس سلسلے میں بہت سے نظریات پیش کئے گئے ہیں، ان میں سے یہ تین زیادہ اہم شمار ہوتے ہیں:

پہلا نظریہ: بعض کا خیال ہے کہ "اسکندر مقدونی" ہی ذوالقرنین ہے۔

لہٰذا وہ اسے اسکندر ذوالقرنین کے نام سے پکارتے ہیں، ان کا خیال ہے کہ اس نے اپنے باپ کی موت کے بعد روم، مغرب اور مصر پر تسلط حاصل کیا، اس نے اسکندریہ شہر بنایا، پھر شام اور

بیت المقدس پر اقتدار قائم کیا، وہاں سے ارمنستان گیا، عراق و ایران کو فتح

کیا، پھر ہندوستان اور چین کا قصد کیا وہاں سے خراسان پلٹ آیا، اس نے بہت سے نئے شہروں کی بنیاد رکھی، پھر وہ عراق آگیا، اس کے بعد وہ شہر "زور" میں بیمار پڑا اور مر گیا، بعض نے کہا ہے کہ اس کی عمر چھتیس سال سے زیادہ نہ تھی، اس کا جسد خاکی اسکندریہ لے جا کر دفن کر دیا گیا۔(۲)

دوسرا نظریہ: مورخین میں سے بعض کا نظریہ ہے کہ ذوالقرنین یمن کا ایک بادشاہ تھا۔

اصمعی نے اپنی تاریخ "عرب قبل از اسلام" میں، ابن ہشام نے اپنی مشہور تاریخ "سیرۃ" میں اور ابوریحان بیرونی نے "الآثار الباقیہ" میں یہی نظریہ پیش کیا ہے۔

یہاں تک کہ یمن کی ایک قوم "حمیری" کے شعرا اور زمانۂ جاہلیت کے بعض شعرا کے کلام میں دیکھا جا سکتا ہے کہ انہوں نے اس بات پر فخر کیا ہے کہ ذوالقرنین ہم میں سے ہیں۔

تیسرا نظریہ: جو جدید ترین نظریہ ہے جس کو ہندوستان کے مشہور عالم ابوالکلام آزاد نے پیش کیا ہے، ابوالکلام آزاد کسی دور میں ہندوستان کے وزیر تعلیم تھے، اس سلسلے میں انہوں نے ایک تحقیقی کتاب لکھی ہے۔(۳)

اس نظریہ کے مطابق ذوالقرنین، "کورش کبیر" "بادشاہ ہخامنشی" ہے۔(۴)

لیکن چونکہ پہلے اور دوسرے نظریہ کے لئے کوئی خاص تاریخی منبع نہیں ہے، اس کے علاوہ قرآن کریم نے ذوالقرنین کے جو صفات بیان کئے ہیں ان کا حامل

سکندر مقدونی ہے نہ کوئی بادشاہِ یمن۔

اس کے علاوہ اسکندر مقدونی نے کوئی معروف دیوار بھی نہیں بنائی ہے، لیکن رہی یمن کی "دیوارِ مأرب" تو اس میں ان صفات میں سے ایک بھی نہیں ہے جو قرآن کی ذکر کردہ دیوار میں ہیں، جبکہ "دیوار مأرب" عام مصالحہ سے بنائی گئی ہے اور اس کی تعمیر کا مقصد پانی کا ذخیرہ کرنا اور سیلاب سے بچنا تھا، اس کی وضاحت خود قرآن میں سورہ سبا میں بیان ہوئی ہے۔

لہٰذا ہم تیسرے نظریہ پر بحث کرتے ہیں یہاں ہم چند امور کی طرف مزید توجہ دینا ضروری سمجھتے ہیں:

الف: سب سے پہلے یہ بات قابل توجہ ہے کہ ذوالقرنین کو یہ نام کیوں دیا گیا؟

پہلی بات تو یہ ہے کہ "ذوالقرنین" کے معنی ہیں "دو سینگوں والا"، لیکن یہاں یہ سوال پیدا ہوتا ہے کہ انہیں اس نام سے کیوں موسوم کیا گیا؟ بعض کا نظریہ ہے کہ یہ نام اس لئے پڑا کہ وہ دنیا کے مشرق و مغرب تک پہنچے جسے عرب "قرنی الشمس" (سورج کے دو سینگ) سے تعبیر کرتے ہیں۔

بعض کہتے ہیں کہ یہ نام اس لئے پڑا کہ انہوں نے دو قرن زندگی گزاری یا حکومت کی، اور پھر یہ کہ قرن کی مقدار کتنی ہے، اس میں بھی مختلف نظریات ہیں۔

بعض کہتے ہیں کہ ان کے سر کے دونوں طرف ایک خاص قسم کا ابھار تھا اس وجہ سے ذوالقرنین مشہور ہو گئے۔

بعض کا یہ نظریہ ہے کہ ان کا خاص تاج دو شاخوں والا تھا۔

ب۔ قرآن مجید سے اچھی طرح معلوم ہوتا ہے کہ ذوالقرنین ممتاز صفات کے حامل تھے خداوند عالم نے کامیابی کے اسباب ان کے اختیار میں دئے تھے، انہوں نے تین اہم لشکر کشی کی، پہلے مغرب کی طرف، پھر مشرق کی طرف اور آخر میں ایک ایسے علاقے کی طرف گئے جہاں ایک کوہستانی درّہ موجود تھا، ان مسافرت میں وہ مختلف اقوام سے ملے۔

وہ ایک مرد مومن، موحد اور مہربان شخص تھے، وہ عدل کا دامن ہاتھ سے نہیں چھوڑتے تھے، اسی بنا پر خداوند عالم کا خاص لطف ان کے شامل حال تھا۔

وہ نیک لوگوں کے دوست اور ظالموں کے دشمن تھے، انہیں دنیا کے مال و دولت سے کوئی لگاؤ نہ تھا، وہ اللہ پر بھی ایمان رکھتے تھے اور روز جزا پر بھی۔ انہوں نے ایک نہایت مضبوط دیوار بنائی ہے، یہ دیوار انہوں نے اینٹ اور پتھر کے بجائے لوہے اور تانبے سے بنائی (اور اگر دوسرے مصالحے بھی استعمال ہوئے ہوں تو ان کی بنیادی حیثیت نہ تھی)، اس دیوار کے بنانے سے ان کا مقصد مستضعف اور ستم دیدہ لوگوں کی یاجوج وماجوج کے ظلم و ستم کے مقابلے میں مدد کرنا تھا۔

وہ ایسے شخص تھے کہ نزول قرآن سے قبل ان کا نام لوگوں میں مشہور تھا، لہٰذا قریش اور یہودیوں نے ان کے بارے میں رسول اللہ (ص) سے سوال کیا تھا، جیسا کہ قرآن کہتا ہے: <وَيَسْأَلُونَكَ عَنْ ذِي الْقَرْنَيْنِ> "اور اے پیغمبر! یہ لوگ آپ سے ذوالقرنین کے بارے میں سوال کرتے ہیں، حضرت رسول اللہ (ص) اور ائمہ اہل بیت علیہم السلام سے بہت سی ایسی روایات منقول ہیں جن میں بیان ہوا ہے کہ: "وہ

نبی نہیں تھے بلکہ اللہ کے ایک صالح بندے تھے"۔(۵)

ج۔ تیسرا نظریہ (ذوالقرنین کورش ہی کو کہتے ہیں) اس کی دو بنیاد ہیں:

ا۔اس مطلب کے بارے میں سوال کرنے والے یہودی تھے، یا یہودیوں کے کہنے پر قریش نے سوال کیا تھا، جیسا کہ آیات کی شان نزول کے بارے میں منقول روایات سے ظاہر ہوتا ہے، لہٰذا اس سلسلہ میں یہودی کتابوں کو دیکھنا چاہئے۔ یہودیوں کی مشہور کتابوں میں سے کتاب "دانیال" کی آٹھویں فصل میں تحریر ہے:

"بل شصّر" کی سلطنت کے سال مجھے دانیال کو خواب میں دکھایا گیا، جو خواب مجھے دکھایا گیا اس کے بعد اور خواب میں، میں نے دیکھا کہ میں ملک "عیلام" کے "قصر شوشان" میں ہوں، میں نے خواب میں دیکھا کہ میں "دریائے ولادی" کے پاس ہوں، میں نے آنکھیں اٹھا کر دیکھا کہ ایک مینڈھا دریا کے کنارے کھڑا ہے، اس کے دو لمبے سینگ تھے، اور اس مینڈھے کو میں نے مغرب، مشرق اور جنوب کی سمت سینگ مارتے ہوئے دیکھا، کوئی جانور اس کے مقابلہ میں ٹھہر نہیں سکتا تھا اور کوئی اس کے ہاتھ سے بچانے والا نہ تھا وہ اپنی رائے پر ہی عمل کرتا تھا اور وہ بڑا ہوتا جاتا تھا۔(٦)

اس کے بعد اسی کتاب میں دانیال کے بارے میں نقل ہوا ہے جبرئیل اس پر ظاہر ہوئے اور اس کے خواب کی تعبیر یوں بیان کی:

"تم نے دو شاخوں والا جو مینڈھا دیکھا ہے وہ مدائن اور فارس (یا ماد اور فارس) کے بادشاہ ہیں۔

یہودیوں نے دانیال کے خواب کو بشارت قرار دیا وہ سمجھے کہ ماد و فارس کے کسی بادشاہ کے قیام اور بابل کے حکمرانوں میں ان کی کامیابی سے یہودیوں کی غلامی اور قید کا دور ختم ہو جائے گا، اور وہ اہل بابل کے چنگل سے آزاد ہو جائیں گے۔

زیادہ زمانہ نہ گزرا تھا کہ "کورش" نے ایران کی حکومت پر غلبہ حاصل کر لیا اس نے ماد اور فارس کو ایک ملک کر کے دونوں کو ایک عظیم سلطنت بنا دیا، جیسے دانیال کے خواب میں بتایا گیا تھا کہ وہ اپنے سینگ مغرب، مشرق اور جنوب کی طرف مارے گا، کورش نے تینوں سمتوں میں عظیم فتوحات حاصل کیں۔

اس نے یہودیوں کو آزاد کیا، اور فلسطین لوٹنے کی اجازت دی۔

یہ بات بھی قابل توجہ ہے کہ توریت کی کتاب اشعیاء فصل ۴۴، نمبر ۲۸ میں بیان ہوا ہے: "اس وقت خاص طور سے کورش کے بارے میں کہا گیا ہے کہ وہ میرا چرواہا ہے اس نے میری مشیت کو پورا کیا ہے اور شیلم سے کہے گا تو تعمیر ہو جائے گا۔

یہ بات بھی قابل توجہ ہے کہ توریت کے بعض الفاظ میں "کورش" کے بارے میں ہے کہ عقابِ مشرق اور مردِ تدبیر جو بڑی دور سے بلایا جائے گا۔ (کتاب اشعیاء فصل ۴۶، نمبر ۱۱)

دوسری بنیاد یہ ہے کہ انیسویں عیسوی صدی میں دریائے "مرغاب" کے کنارے تالاب کے قریب کورش کا مجسمہ دریافت ہوا، یہ ایک انسان کے قد و قامت کے برابر ہے، اس میں کورش کے عقاب کی طرح دو پَر بنائے گئے ہیں اور اس کے سر پر ایک تاج ہے، اس میں مینڈھے کے سینگوں کی طرح دو سینگ نظر آتے

ہیں۔

یہ مجسمہ بہت قیمتی اور قدیم فن سنگ تراشی کا نمونہ ہے، اس نے ماہرین کو اپنی طرف متوجہ کر لیا ہے جرمنی ماہرین کی ایک جماعت نے صرف اسے دیکھنے کے لئے ایران کا سفر کیا۔

توریت کی تحریر کو جب اس مجسمہ کی تفصیلات کے ساتھ ملایا گیا تو ابو الکلام آزاد کو مزید یقین ہوا کہ کورش ذوالقرنین (دو سینگوں والا) کہنے کی وجہ کیا ہے، اس طرح یہ بھی واضح ہو گیا کہ کورش کے مجسمہ میں عقاب کے دو پر کیوں لگائے گئے ہیں، اس سے دانشوروں کے ایک گروہ کے لئے ذوالقرنین کی تاریخی شخصیت مکمل طور پر واضح ہو گئی۔

اس کے علاوہ اس نظریہ کی تائید کے لئے کورش کے وہ اخلاقی صفات ہیں جو تاریخ میں لکھے ہوئے ہیں:

یونانی مورخ ہرودوٹ لکھتا ہے: کورش نے حکم جاری کیا کہ اس کے سپاہی جنگ کرنے والوں کے علاوہ کسی کے سامنے تلوار نہ نکالیں اور اگر دشمن کا سپاہی اپنا نیزہ خم کر دے تو اسے قتل نہ کریں، کورش کے لشکر نے اس کے حکم کی اطاعت کی، اس طرح سے ملت کے عام لوگوں کو مصائب جنگ کا احساس بھی نہ ہوا۔

ہرودوٹ کورش کے بارے میں لکھتا ہے: کورش کریم، سخی، بہت نرم دل اور مہربان بادشاہ تھا، اسے دوسرے بادشاہوں کی طرح مال جمع کرنے کا لالچ نہ تھا، بلکہ اسے زیادہ سے زیادہ کرم و بخشش کا شوق تھا، وہ ستم رسیدہ لوگوں کے ساتھ عدل و

انصاف سے کام لیتا تھا اور جس چیز سے زیادہ خیر اور بھلائی ہوتی تھی اسے پسند کرتا تھا۔

اسی طرح ایک دوسرا مورخ "ذی نوفن" لکھتا ہے: کورش عاقل اور مہربان بادشاہ تھا، اس میں بادشاہوں کی عظمت اور حکماء کے فضائل ایک ساتھ جمع تھے، وہ بلند ہمت تھا اس کا جود و کرم زیادہ تھا اس کا شعار انسانیت کی خدمت تھا اور عدالت اس کی عادت تھی وہ تکبر کے بجائے انکساری سے کام لے لیتا تھا۔

مزے کی بات یہ ہے کہ کورش کی اس قدر تعریف و توصیف کرنے والے مورخین غیر لوگ ہیں کورش کی قوم اور وطن سے ان کا کوئی تعلق نہیں ہے جو کہ اہل یونان ہیں اور ہم جانتے ہیں کہ یونان کے لوگ کورش کی طرف دوستی اور محبت کی نظر سے نہیں دیکھتے تھے کیونکہ کورش نے "لیدیا" کو فتح کر کے اہل یونان کو بہت بڑی شکست دی تھی۔

اس نظریہ کے طرفدار کہتے ہیں کہ قرآن مجید میں ذوالقرنین کے بیان ہونے والے اوصاف کورش کے اوصاف سے مطابقت رکھتے ہیں۔

اس تمام باتوں کے علاوہ کورش نے مشرق، مغرب اور شمال کی طرف سفر بھی کئے ہیں اس کے تمام سفر کا حال (اور سفر نامہ) اس کی تاریخ میں تفصیلی طور پر ذکر ہوا ہے، یہ قرآن میں ذکر کئے گئے ذوالقرنین کے تینوں سفر سے مطابقت رکھتے ہیں۔

کورش نے پہلی لشکر کشی "لیدیا" پر کی، یہ ایشیائے صغیر کا شمالی حصہ ہے یہ ملک

کورش کے مرکز حکومت سے مغرب کی سمت میں تھا۔

جس وقت آپ ایشیائے صغیر کے مغربی ساحل کے نقشہ کو سامنے رکھیں گے تو دیکھیں گے کہ ساحل کے زیادہ تر حصے چھوٹی چھوٹی خلیجوں میں بٹے ہوتے ہیں، خصوصاً "ازمیر" کے قریب جہاں خلیج ایک چشمہ کی صورت میں دکھائی دیتا ہے۔

قرآن کا بیان ہے کہ ذو القرنین نے اپنے مغرب کے سفر میں محسوس کیا کہ جیسے سورج کیچڑ آلود چشمہ میں ڈوب رہا ہے، یہ وہی منظر ہے جو کورش نے غروب آفتاب کے وقت ساحلی خلیجوں میں دیکھا تھا۔

کورش کی دوسری لشکر کشی مشرق کی طرف تھی جیسا کہ ہرودوٹ نے کہا ہے کہ کورش کا یہ مشرقی حملہ "لیدیا" کی فتح کے بعد ہوا خصوصاً بعض بیابانی وحشی قبائل کی سرکشی نے کورش کو اس حملہ پر مجبور کیا۔

چنانچہ قرآن میں بھی ارشاد ہے:

<حَتّٰٓی اِذَا بَلَغَ مَطۡلِعَ الشَّمۡسِ وَجَدَہَا تَطۡلُعُ عَلٰی قَوۡمٍ لَّمۡ نَجۡعَلۡ لَّہُمۡ مِّنۡ دُوۡنِہَا سِتۡرًا>(۷)

"یہاں تک کہ جب طلوع آفتاب کی منزل تک پہنچا تو دیکھا کہ وہ ایک ایسی قوم پر طلوع کر رہا ہے جن کے پاس سورج کی کرنوں سے بچنے کے لئے کوئی سایہ نہ تھا"۔

یہ الفاظ کورش کے سفر مشرق کی طرف اشارہ کر رہے ہیں جہاں اس نے دیکھا کہ سورج ایسی قوم پر طلوع کر رہا ہے جن کے پاس اس کی تپش سے بچنے کے لئے کوئی سایہ نہ تھا، یہ اس طرف اشارہ ہے کہ وہ قوم صحرا نورد تھی اور بیابانوں میں رہتی تھی۔

کورش نے تیسری لشکر کشی شمال کی طرف "قفقاز" کے پہاڑوں کی طرف کی یہاں تک کہ وہ دو پہاڑوں کے درمیان ایک درّے میں پہنچا، یہاں کے رہنے والوں نے وحشی اقوام کے حملوں اور غارت گری کو روکنے کی درخواست کی اس پر کورش نے اس تنگ درے میں ایک مضبوط دیوار تعمیر کر دی۔ اس درّہ کو آج کل درّہ "داریال" کہتے ہیں، موجودہ نقشوں میں یہ "ولادی کیوکز" اور "تفلیس" کے درمیان دیکھا جاتا ہے وہاں اب تک ایک آہنی دیوار موجود ہے، یہ وہی دیوار ہے جو کورش نے تعمیر کی تھی، قرآن مجید نے ذوالقرنین کی دیوار کے جو اوصاف بتائے ہیں وہ پوری طرح اس دیوار پر منطبق ہوتے ہیں۔

اس تیسرے نظریہ کا خلاصہ یہ تھا جو ہماری نظر میں بہتر ہے۔(۸)

یہ صحیح ہے کہ اس نظریہ میں بھی کچھ مبہم چیزیں پائی جاتی ہیں، لیکن عملاً ذو القرنین کی تاریخ کے بارے میں ابھی تک جتنے نظریات پیش کئے گئے ہیں اسے ان میں سے بہترین کہا جا سکتا ہے۔(۹)

حواشی

(۱) سورۂ کہف، آیت ۸۳

(۲) تفسیر فخر رازی، محل بحث آیت میں اور کامل ابن اثیر، جلد اول صفحہ ۲۸۷ میں اور بعض دوسرے مورخین اس بات کے قائل ہیں کہ سب سے پہلے اس نظریہ کو پیش کرنے والے شیخ ابو علی سینا ہیں جنھوں نے اپنی کتاب الشفاء میں اس کا ذکر کیا ہے

(۳) المیزان، جلد ۱۳، صفحہ ۴۱۴

(۴) فارسی میں اس کتاب کے ترجمہ کا نام "ذوالقرنین یا کورش کبیر" رکھا گیا ہے، اور متعدد

معاصر مورخین نے اسی نظریہ کی تائید کرتے ہوئے اپنی کتابوں میں نقل کیا ہے

(۵) دیکھئے تفسیر نور الثقلین، جلد ۳ صفحہ ۲۹۴ / اور ۲۹۵

(۶) کتاب دانیال، فصل ہشتم، جملہ نمبر ایک سے چار تک

(۷) سورۂ کہف، آیت ۹۰

(۸) اس سلسلہ میں مزید وضاحت کے لئے کتاب "ذوالقرنین یا کورش کبیر" اور "فرہنگ قصص قرآن" کی طرف رجوع فرمائیں۔

✸ ✸ ✸